Piemel Bips:
Het Totaal Overbodige Boek

ALIENREdWOLf

Piemel Bips: Het Totaal Overbodige Boek

Oorspronkelijk gepubliceerd in het Engels als Willy Bum Bum: The Completely Unnecessary Book

ISBN: 978-1-988775-13-5

Nederlandse editie, mei 2025.

BlankSpace Publications
www.blankspacep.com
www.facebook.com/BlankSpacePublications

Catalogusinformatie van bibliotheken in het Engels:
Library and Archives Canada Cataloguing in Publication (English Edition)

Alien Red Wolf, author
        Willy Bum Bum : the completely unnecessary book / by
esteemed author, Alien Red Wolf.

Based on a viral YouTube video.

        1. Human body--Juvenile humor. I. Title.

PN6231.H765A45 2015   j828 '.9202   C2015-903240-7

BlankSpacep.com

presenteert...

Piemel Bips:
Het Totaal Overbodige Boek

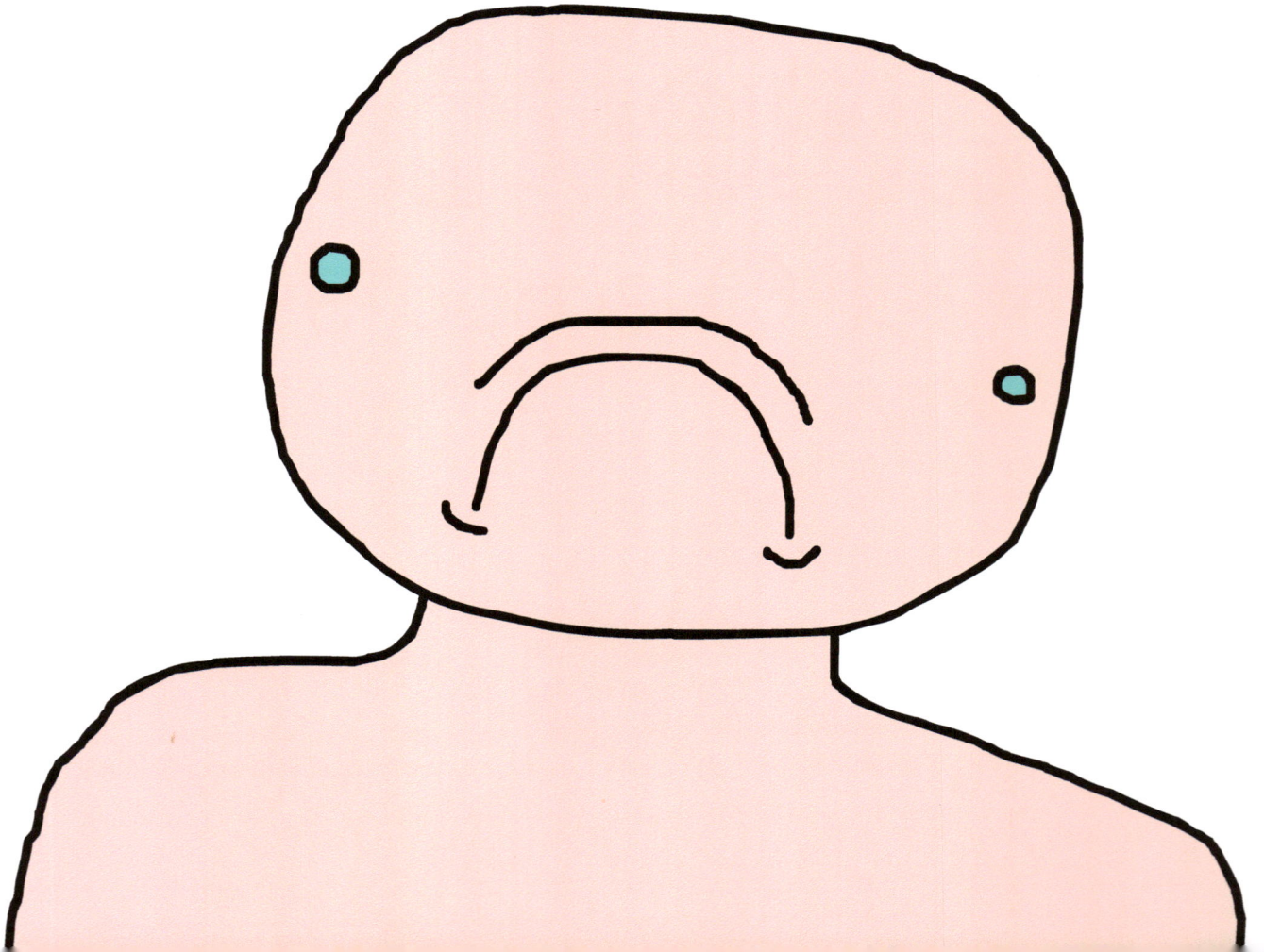

Ik heb een

kleine piemel.

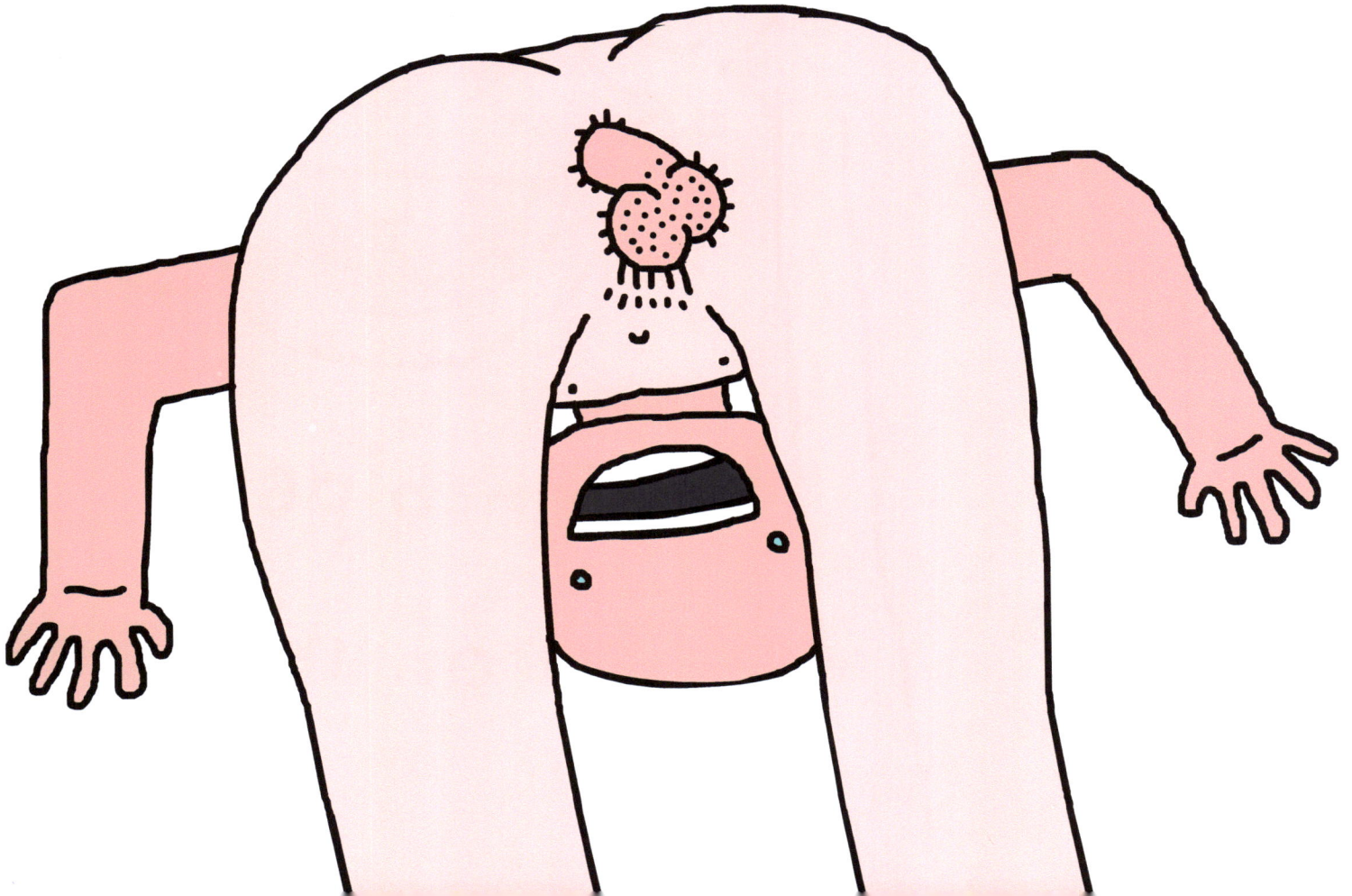

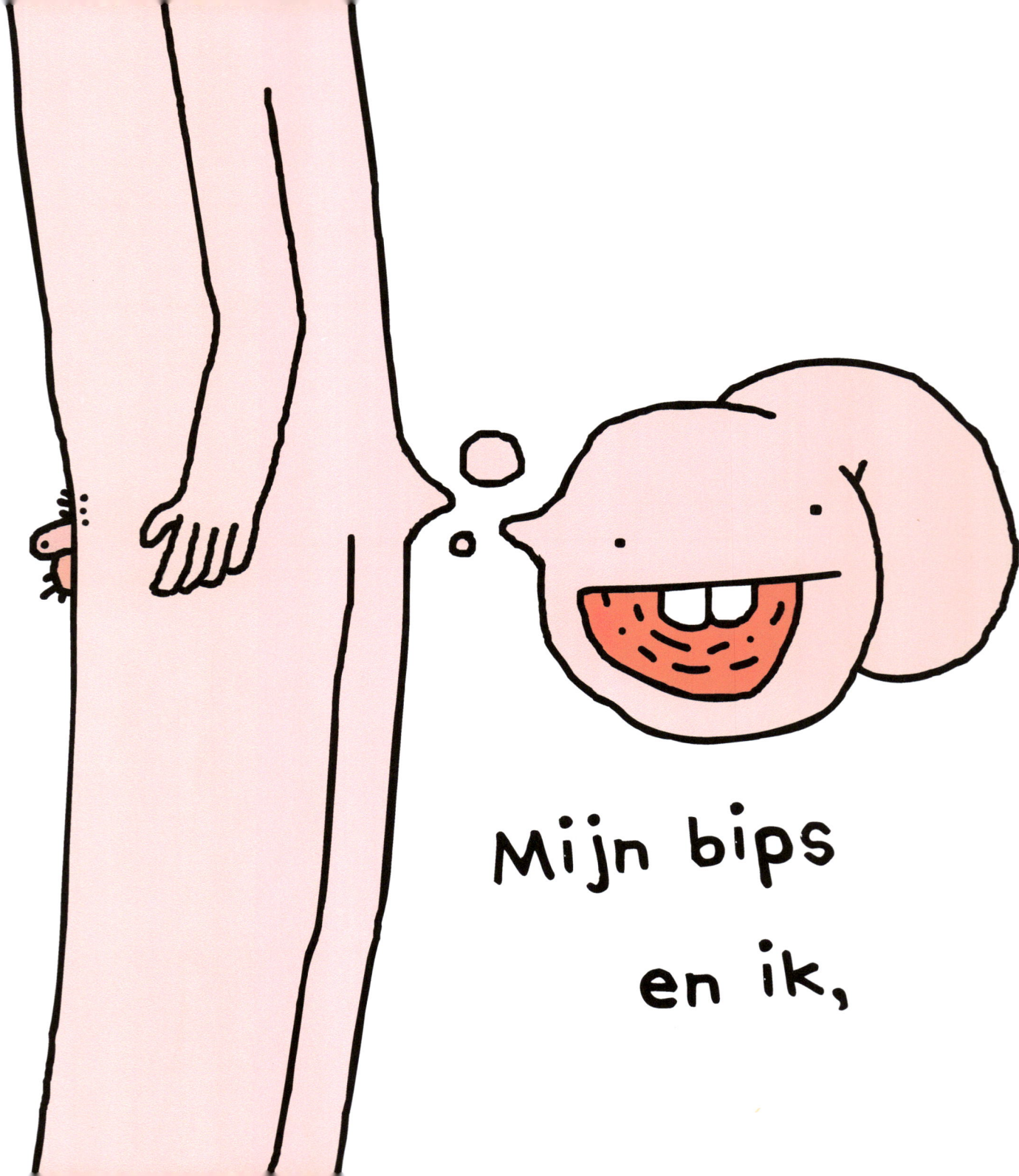

Mijn bips
en ik,

wij hebben een grijns

op ons gezicht.

Er kwam water uit het gaatje, langs mijn lenden.

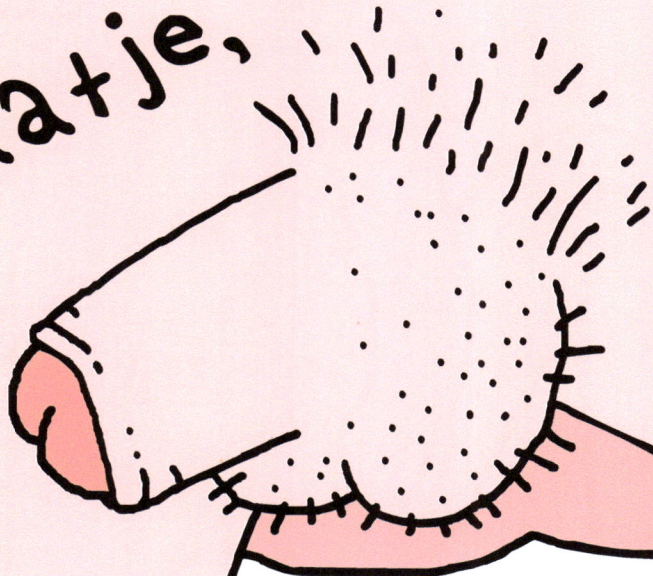

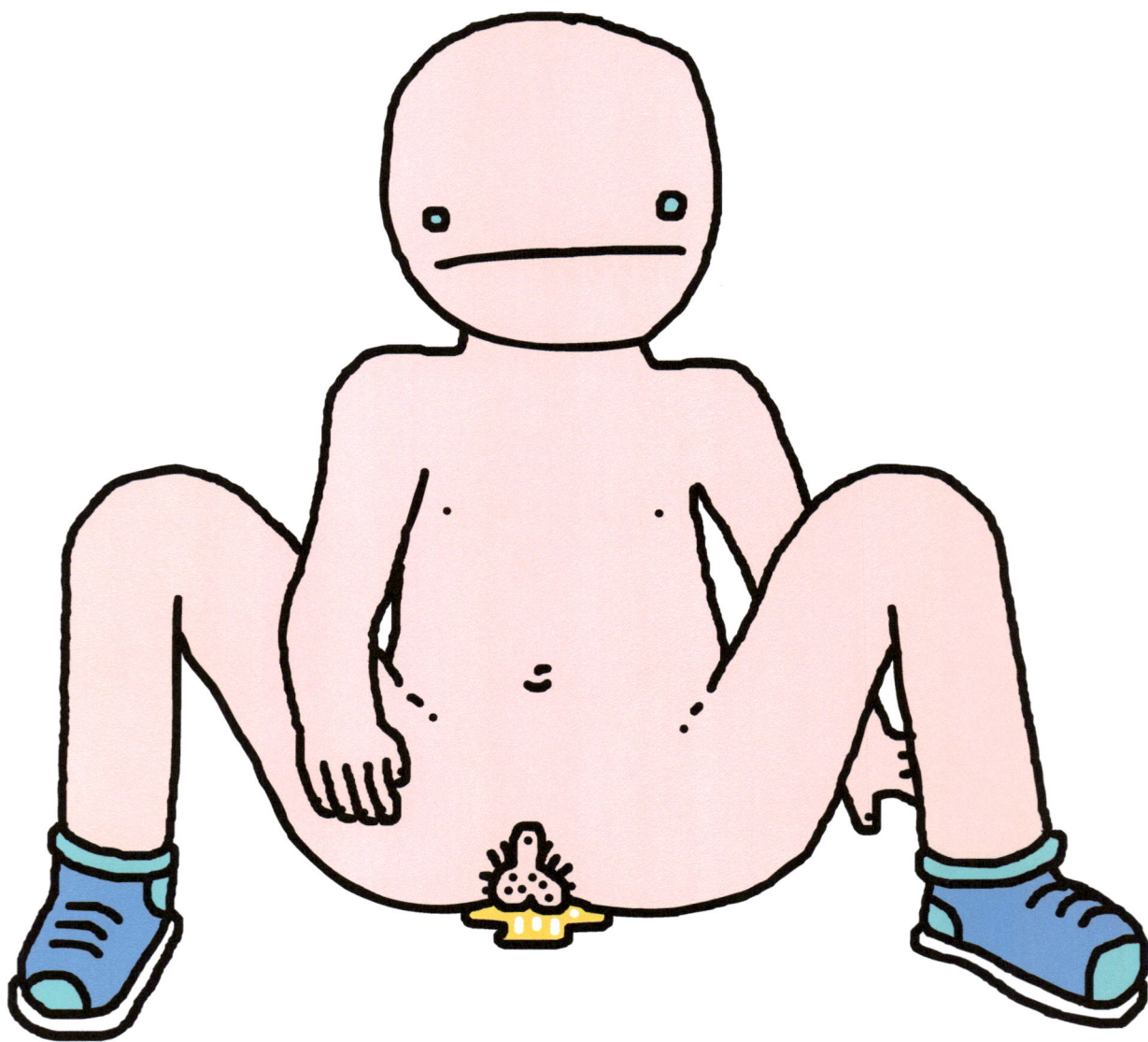

Gekke oude piemel,

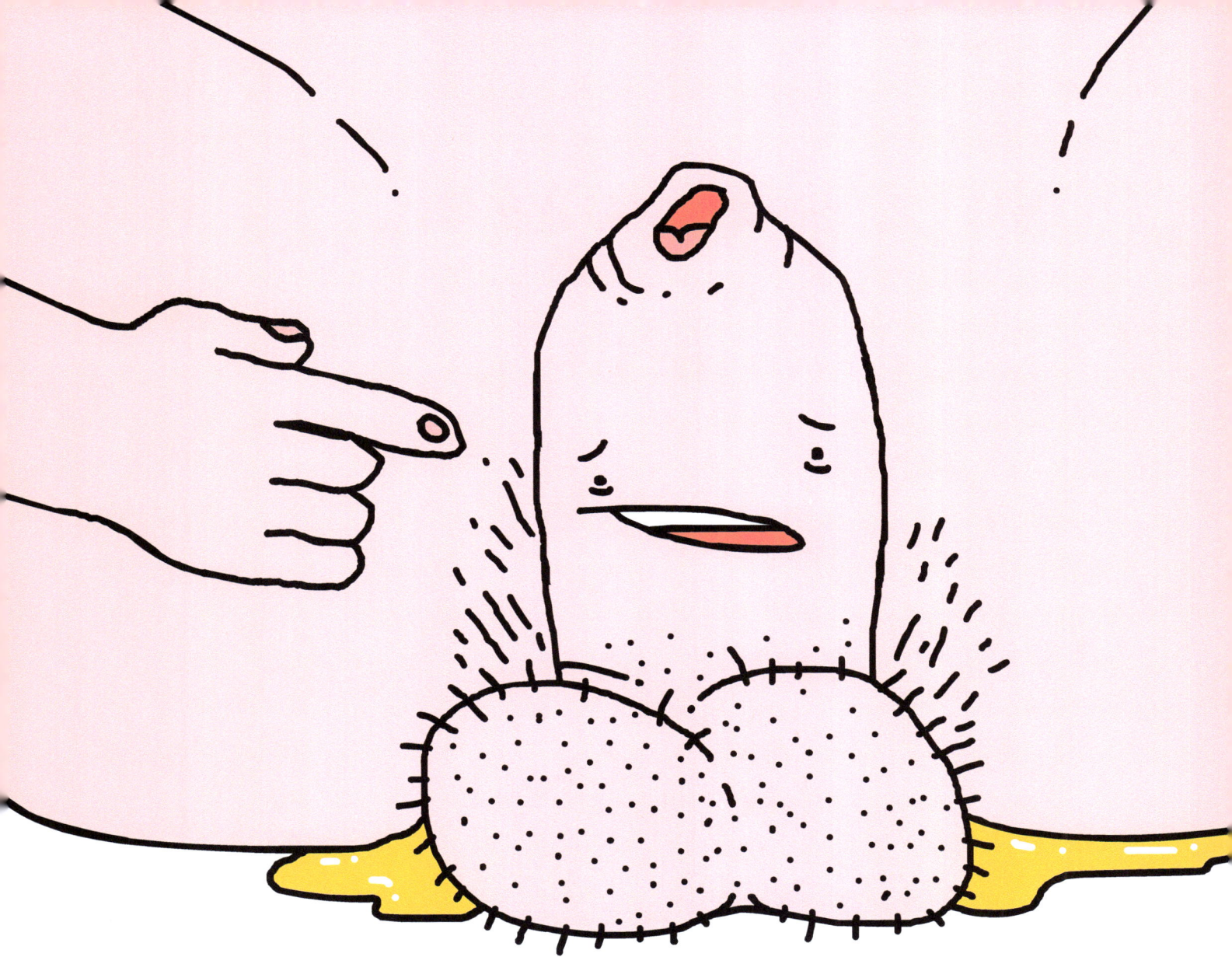

kijk nou wat je hebt gedaan!

Nu zit er water

op mijn bips

en op

mijn been.

Mijn piemel is suf en een beetje dom,

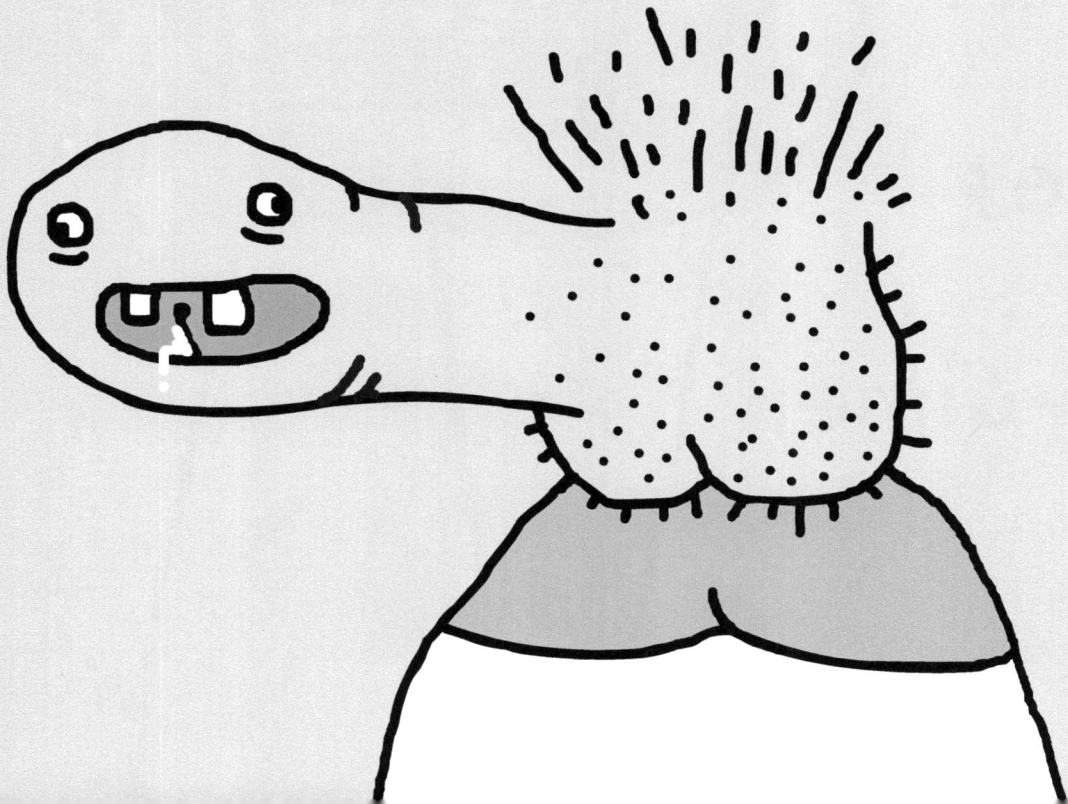

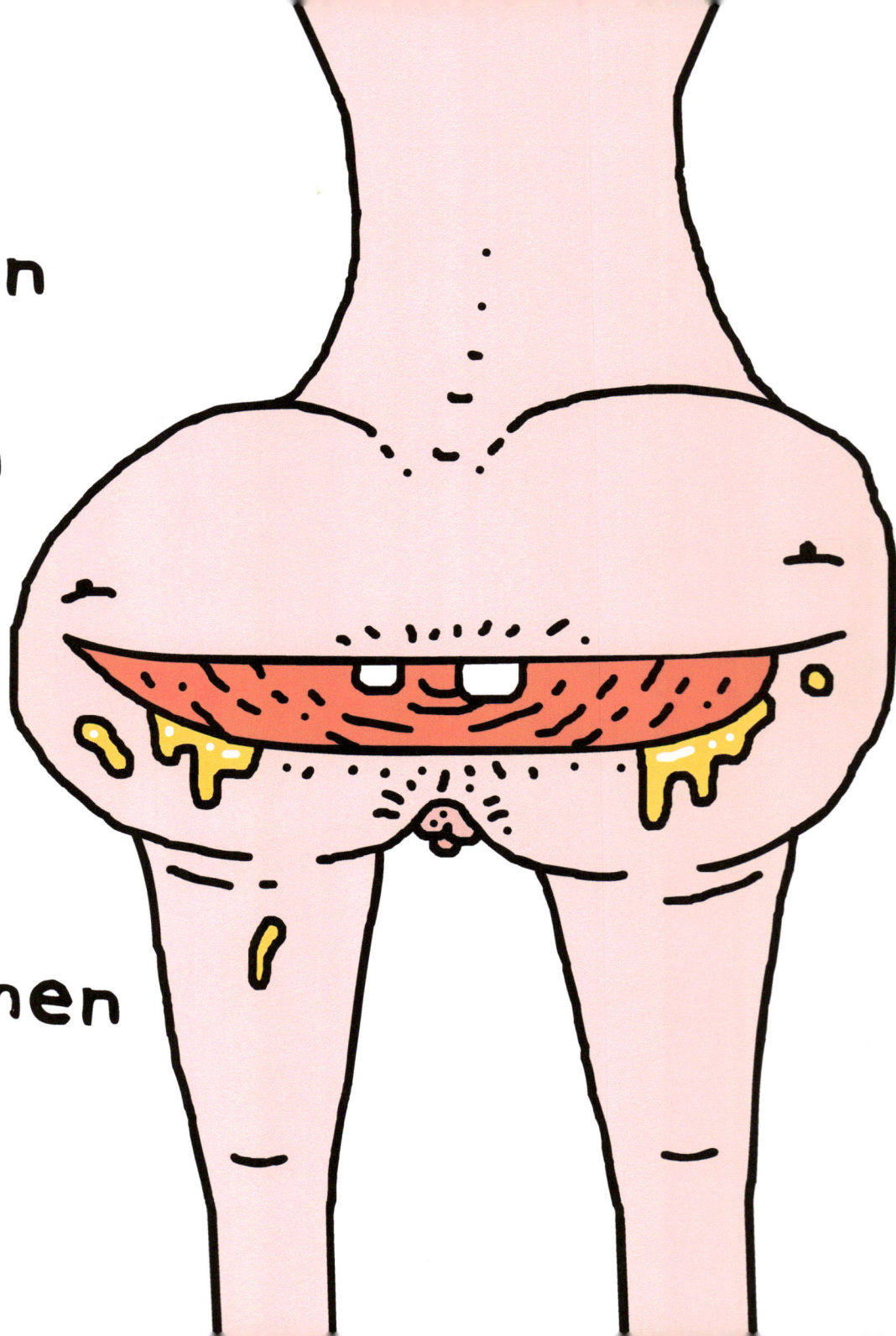

en

mijn

bips

eet

pruimen

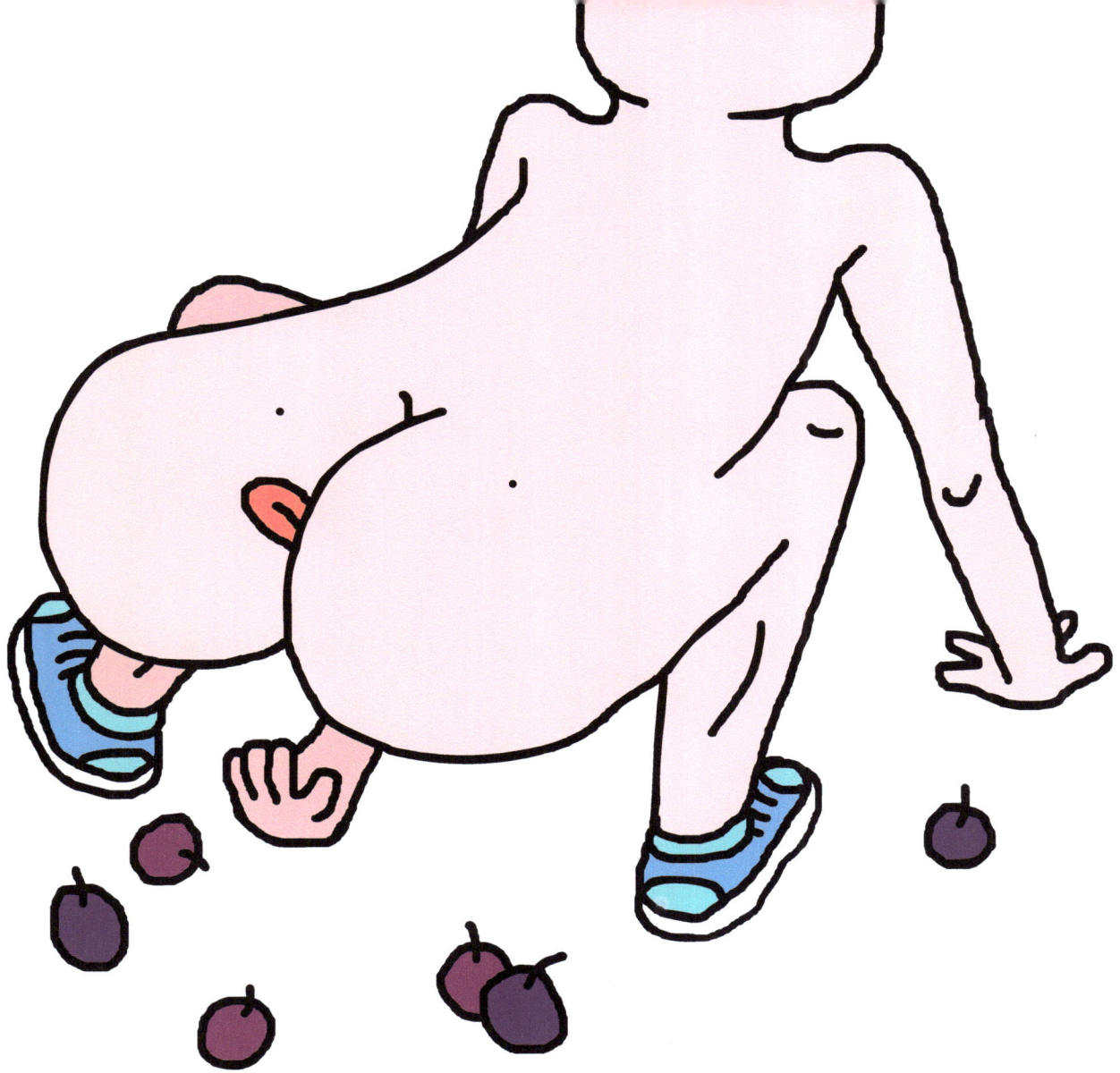

want pruimen zijn de bom!

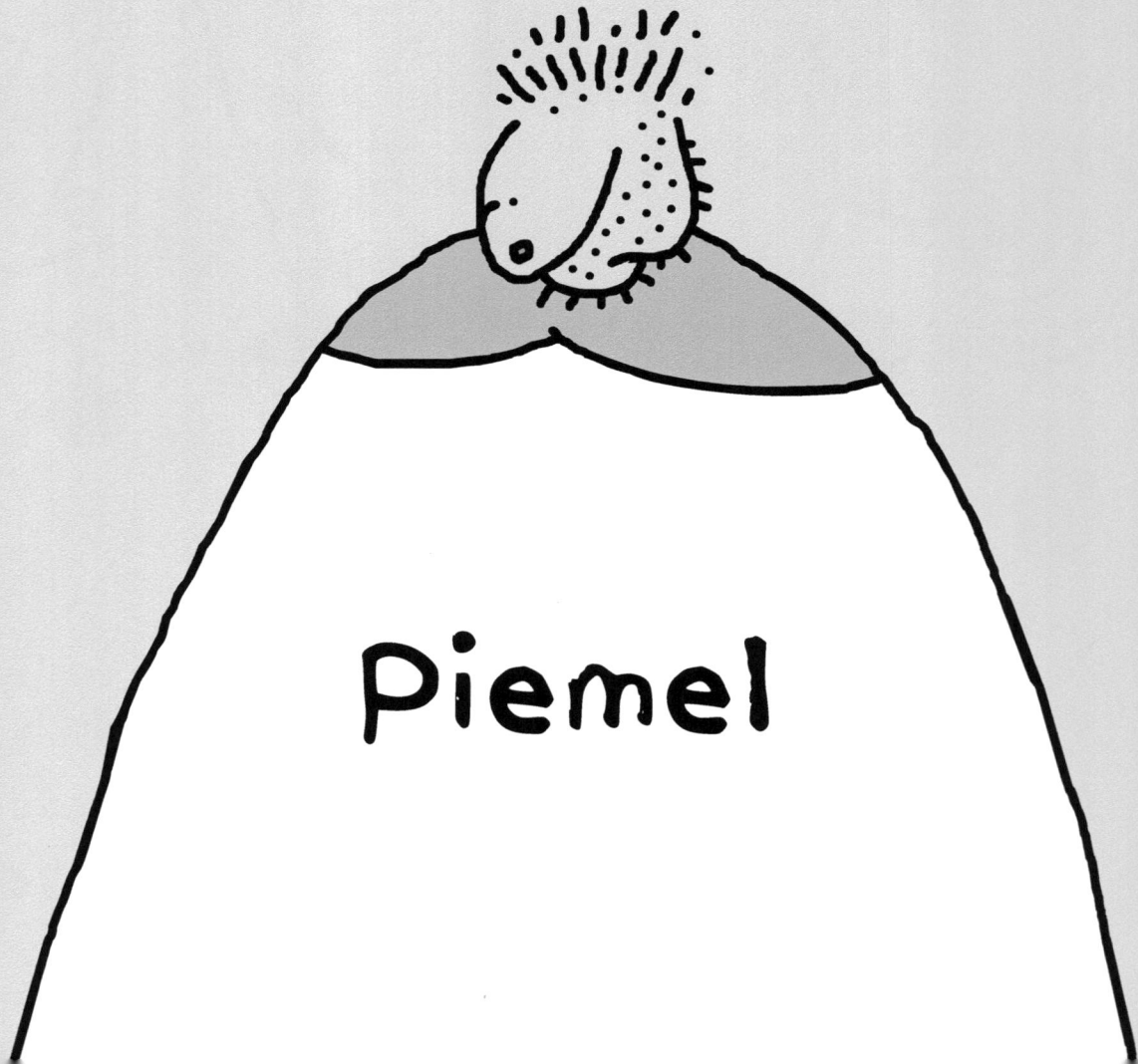

Piemel

bips bips bips bips.

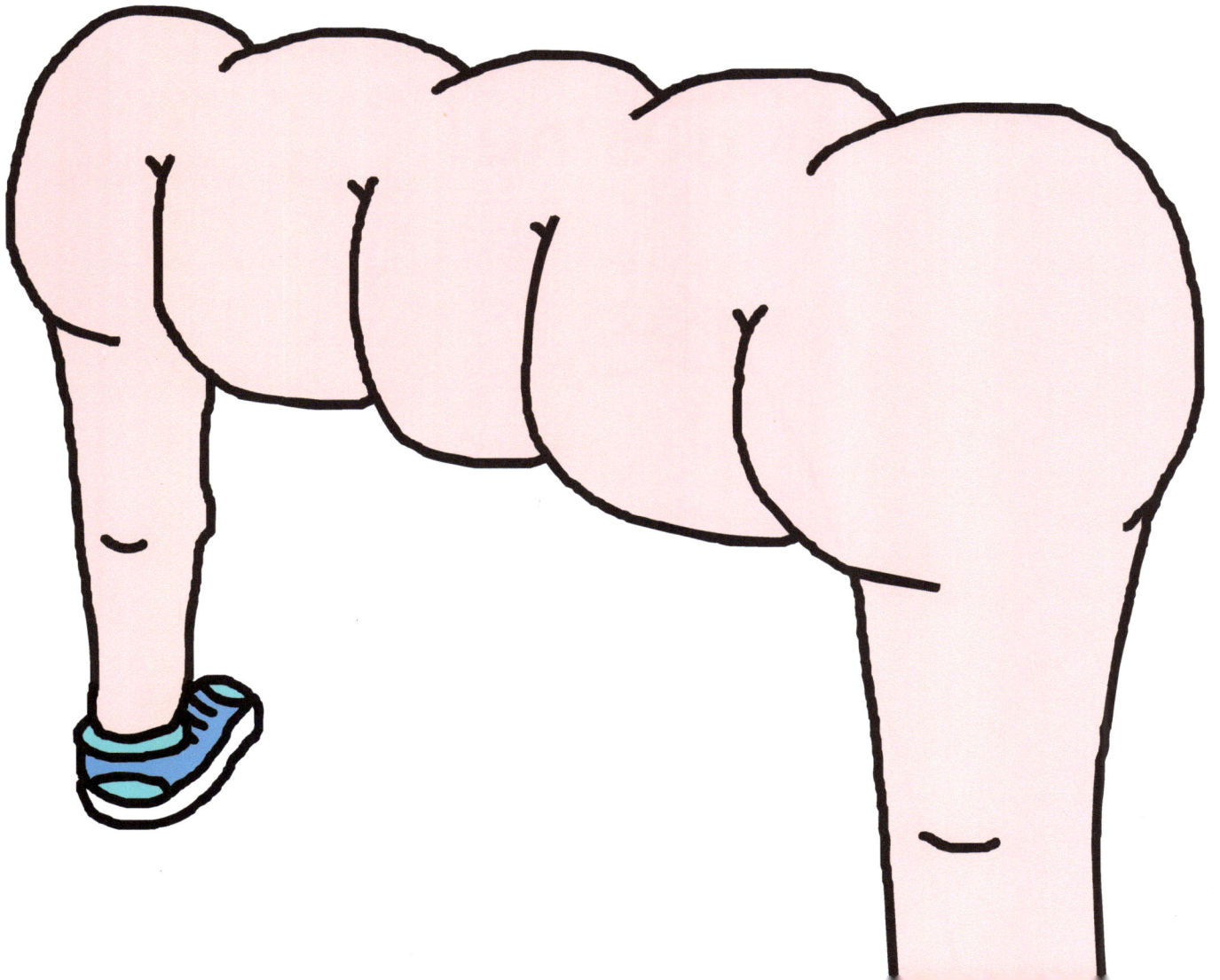

en meer over mijn

bips.

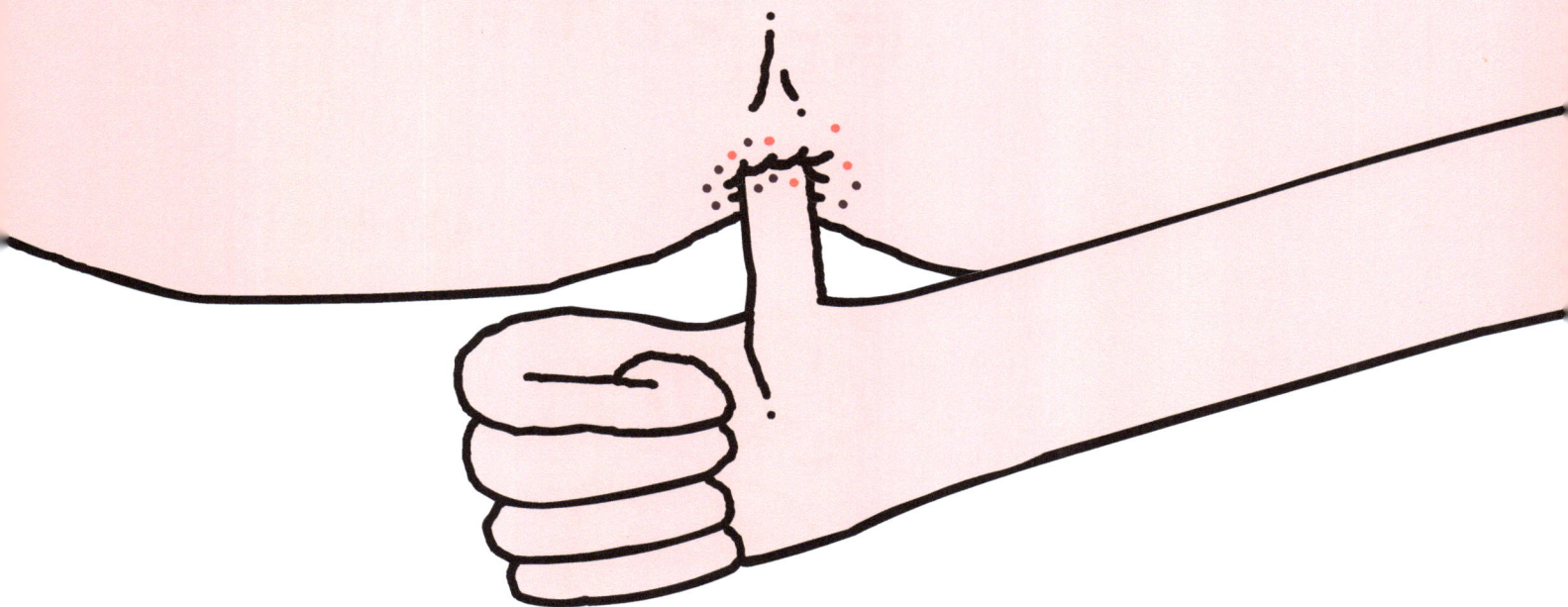

past in mijn bips
wanneer ik een
windje laat.

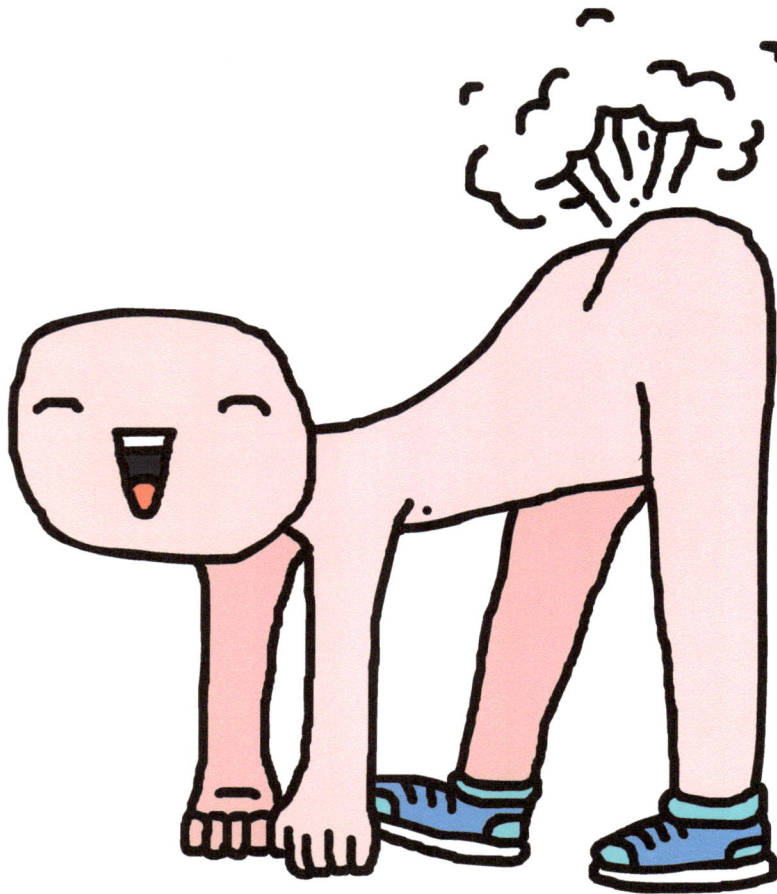

Ik vond
een wesp

en
stopte
hem
in
mijn
bips.

Nu is mijn bips
verdoofd,

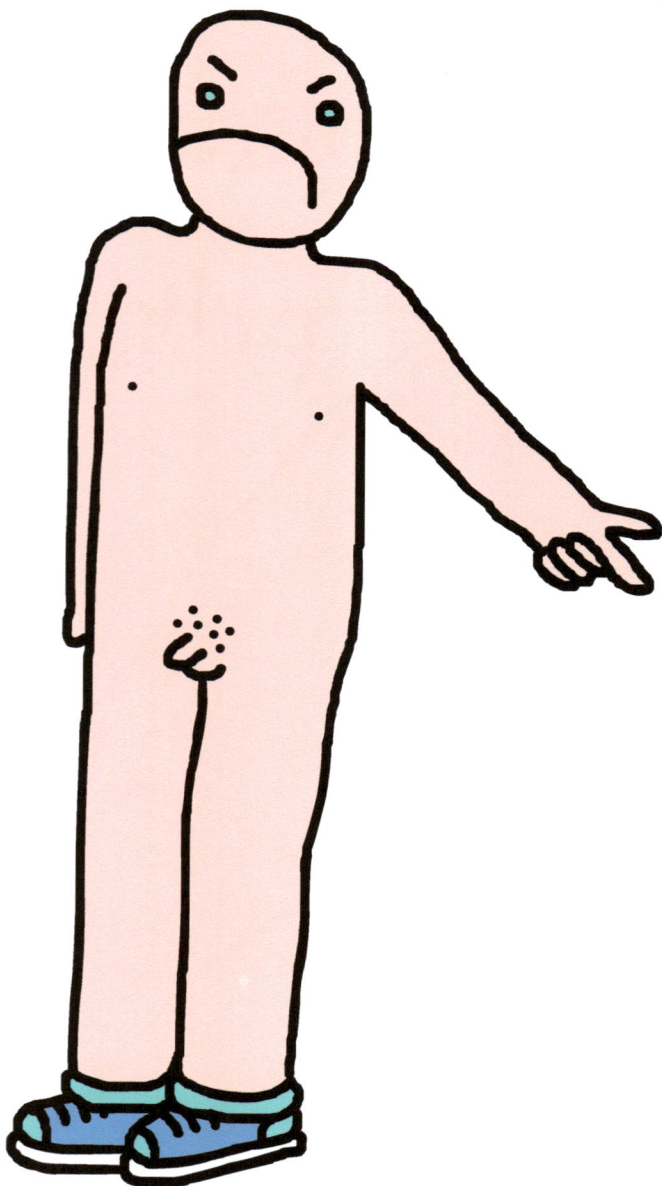

Gekke oude
Wesp,

kijk nou wat je

hebt gedaan!

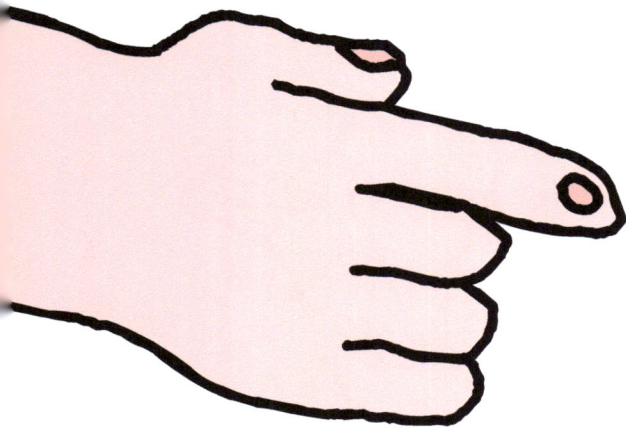

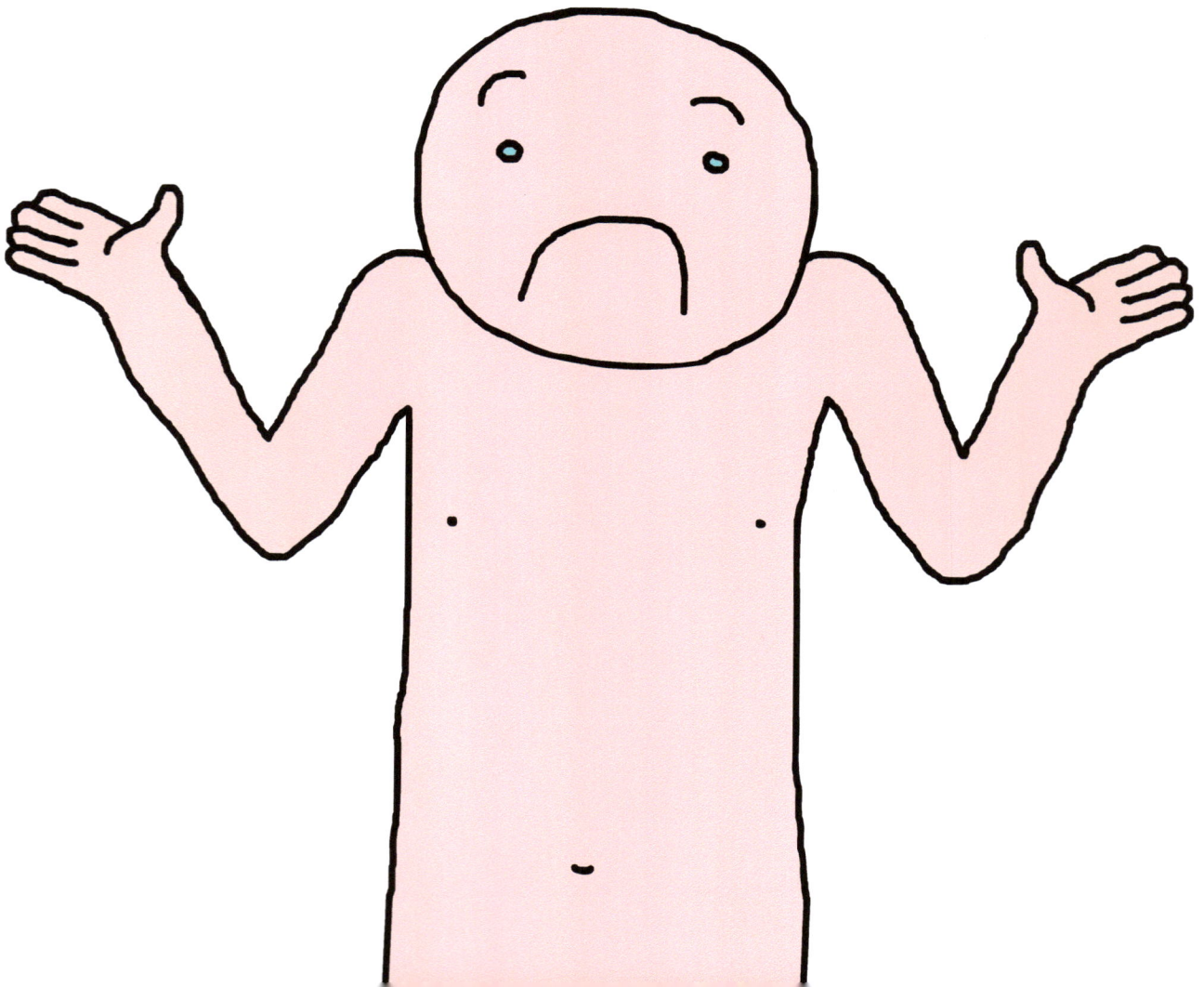

op mijn vriendelijke

oude bips doen.

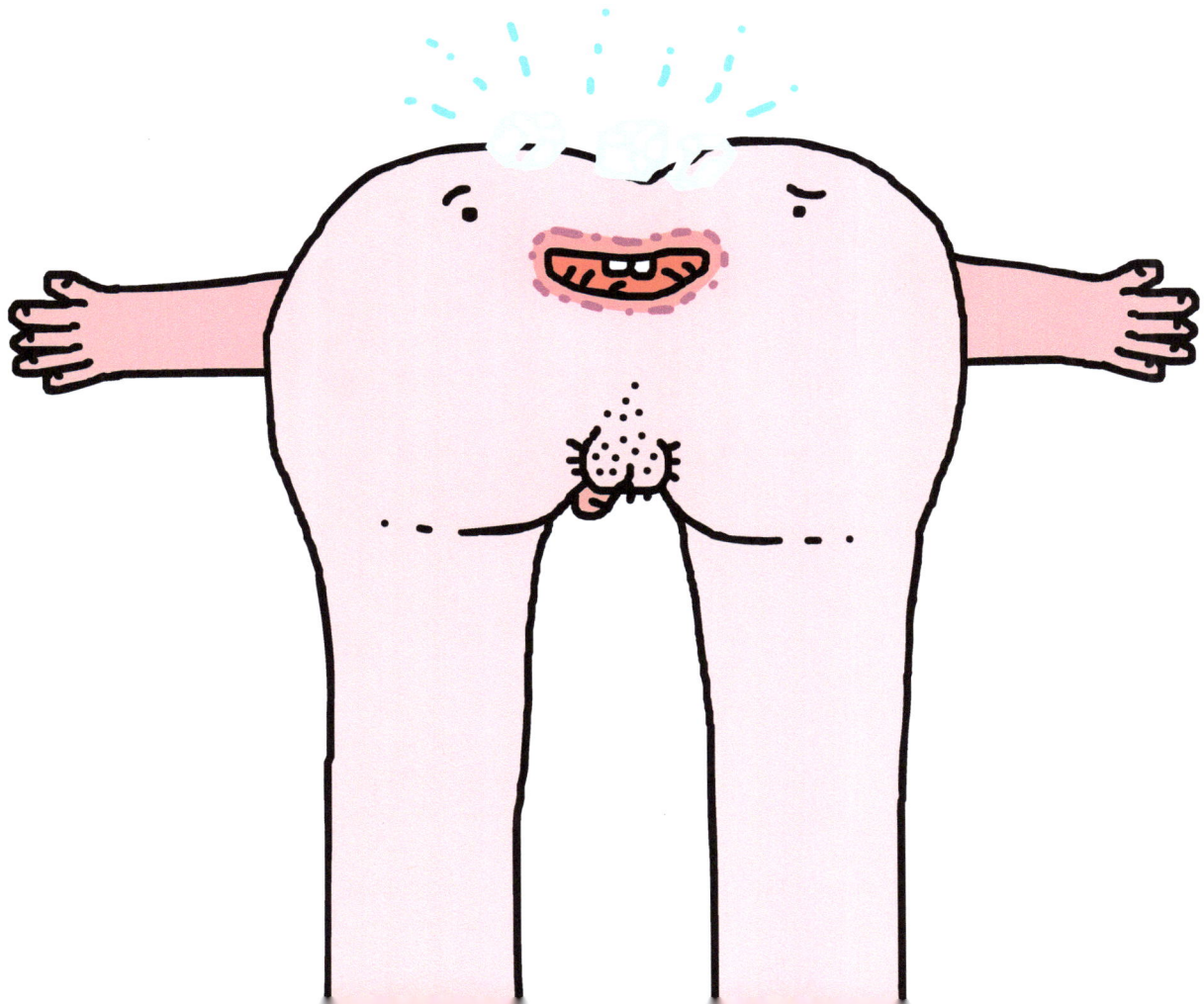

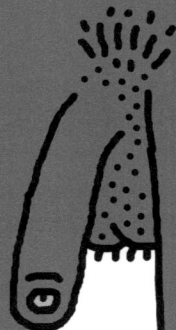

bips bips. Piemel
bips bips bips bips bips bips.

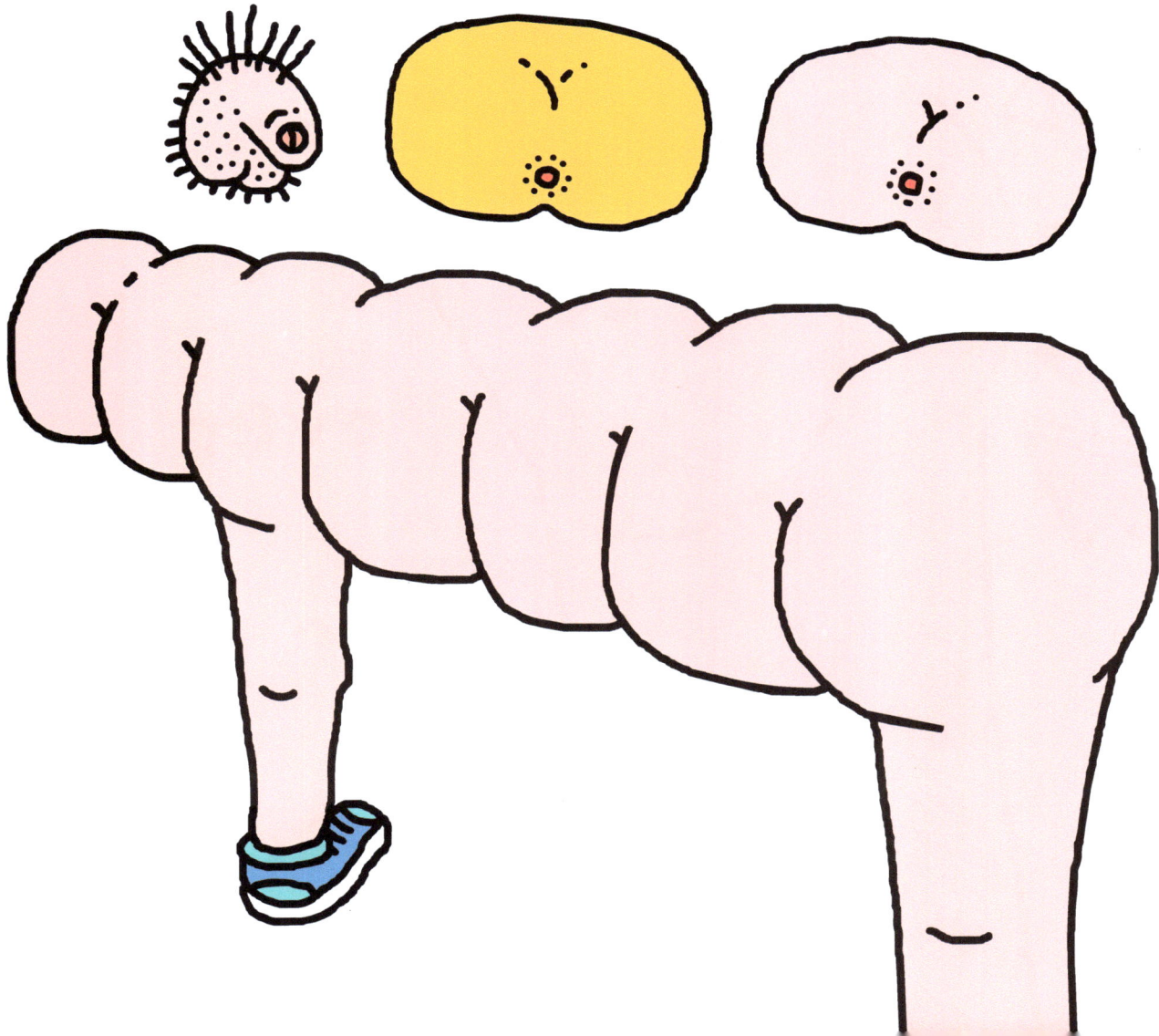

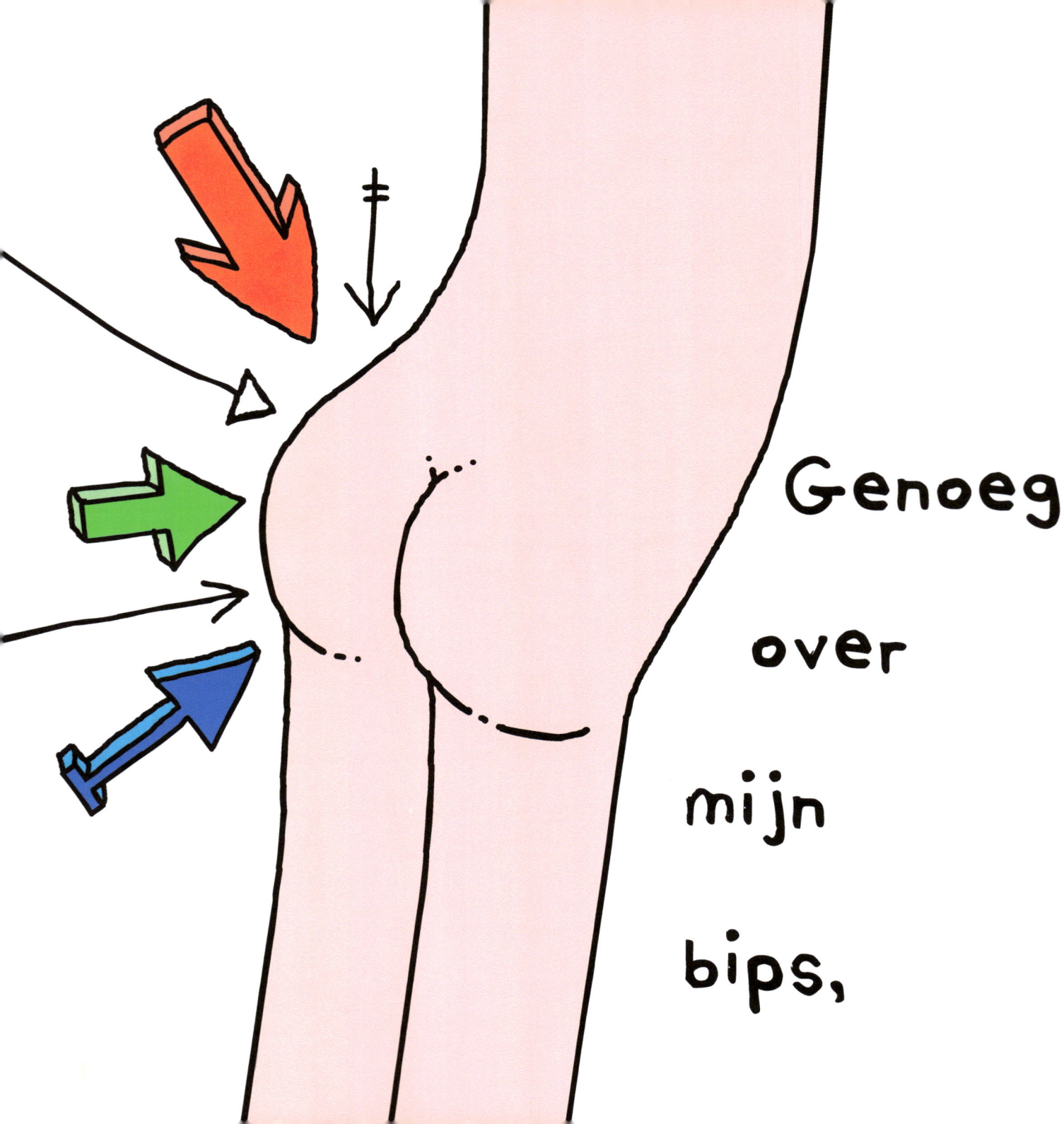

Genoeg

over

mijn

bips,

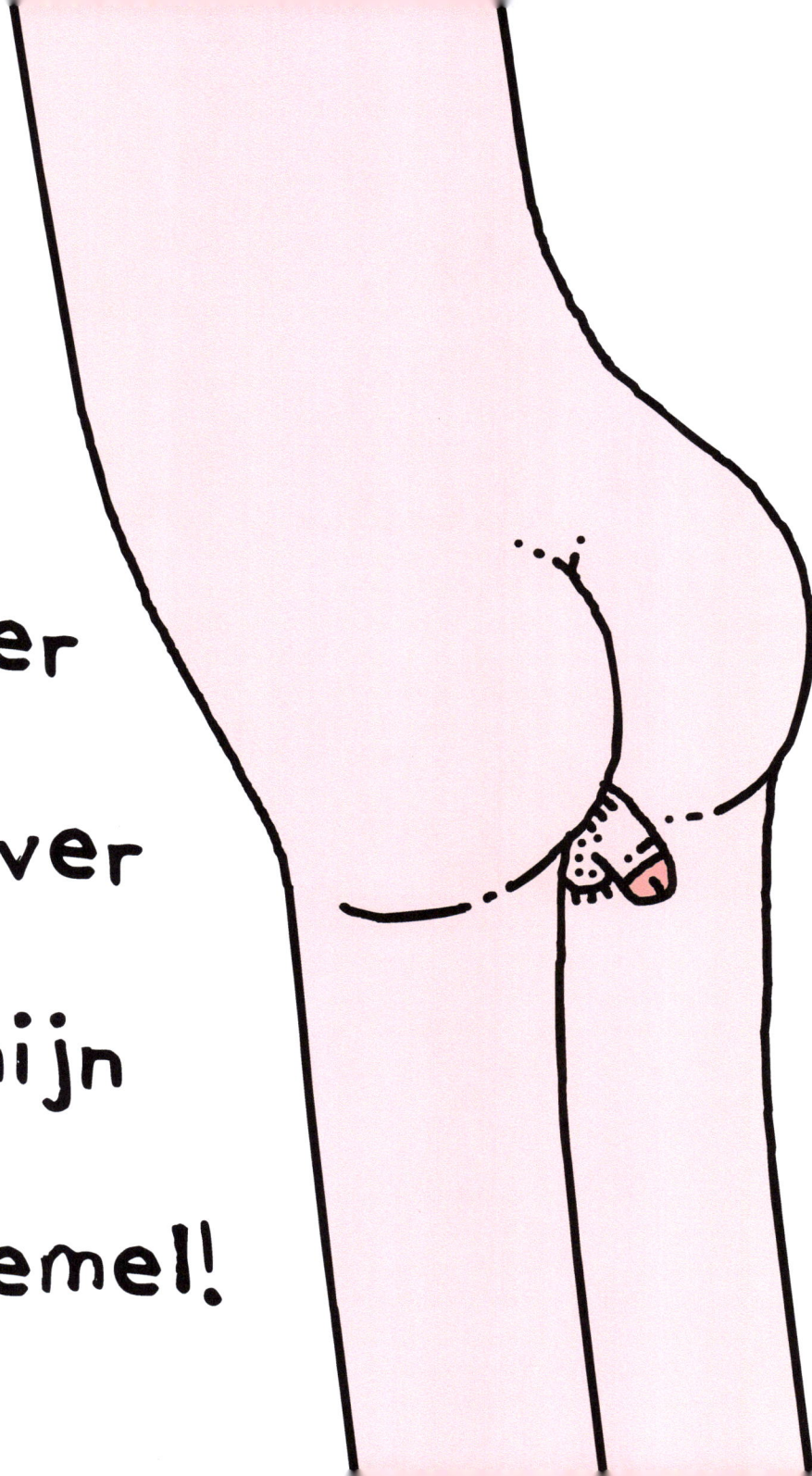

meer

over

mijn

piemel!

Mijn piemel

wordt klein

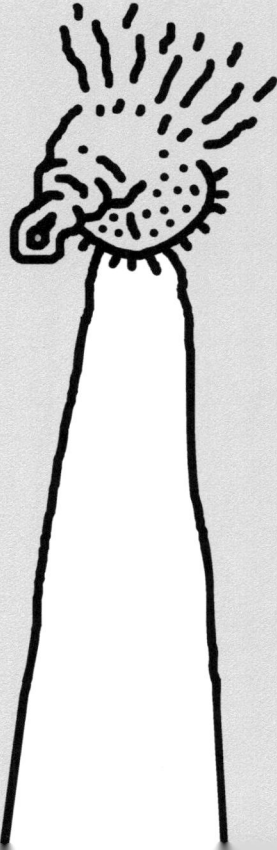

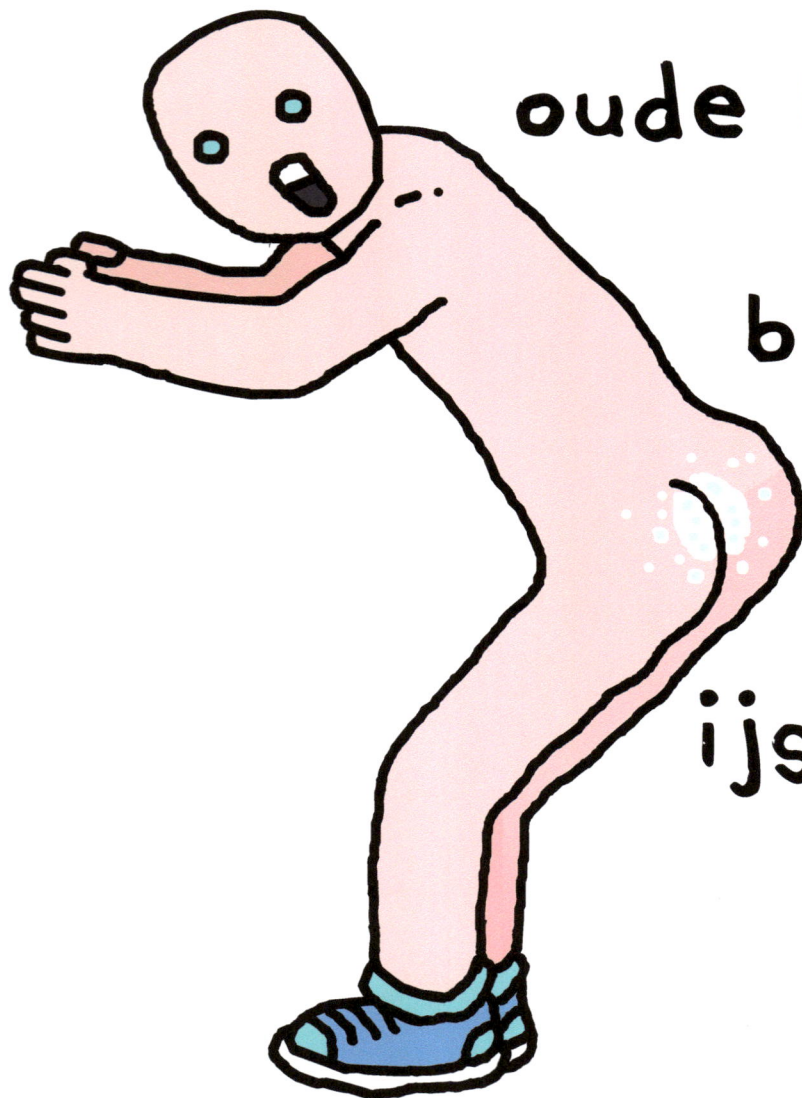

Mijn vriendelijke oude bips is bedekt met ijs.

Mijn bips is gestoken door een chagrijnige oude wesp.

Stinkende oude wesp,

dit is niet leuk.

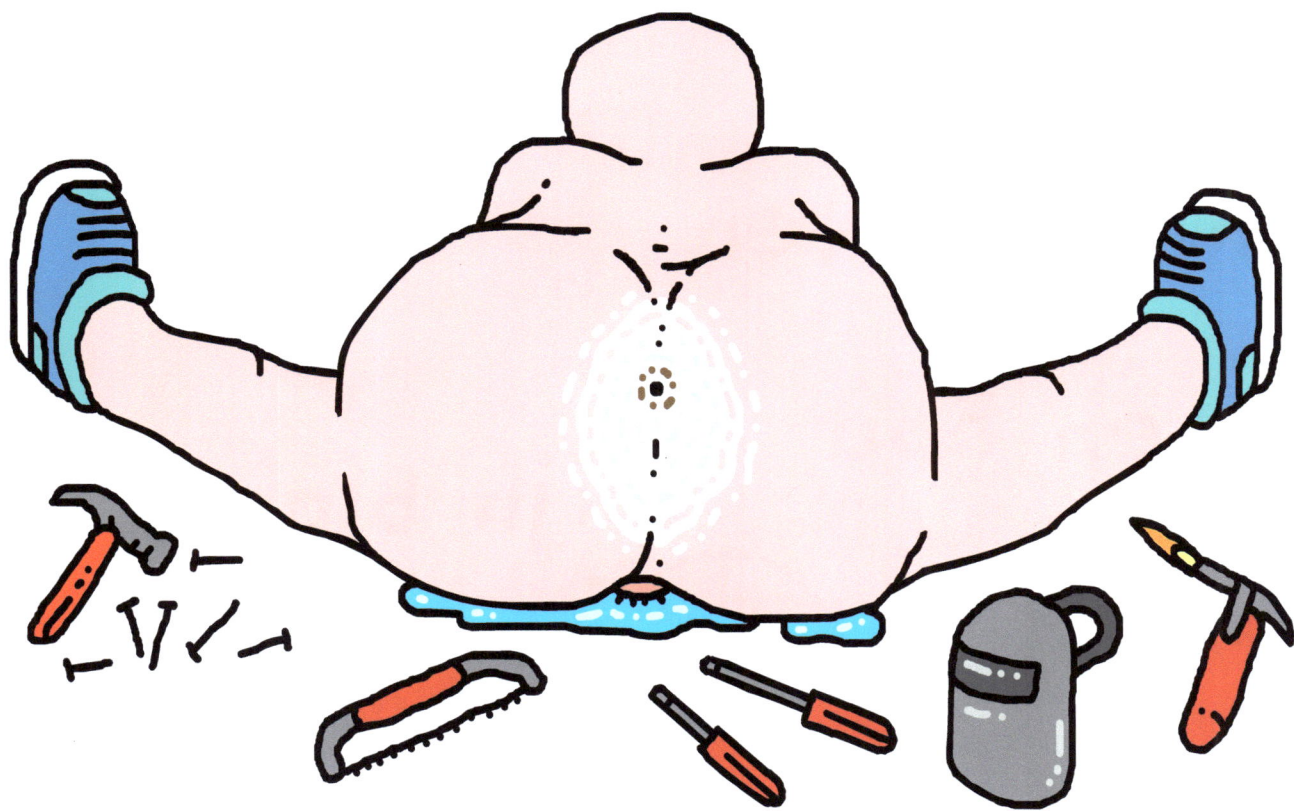

Hoe ga ik mijn koude oude bips nou repareren?

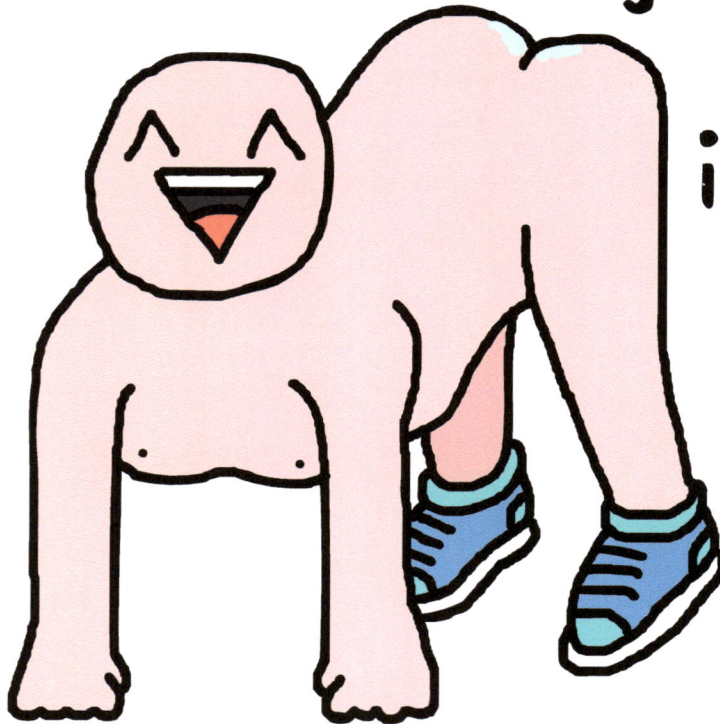

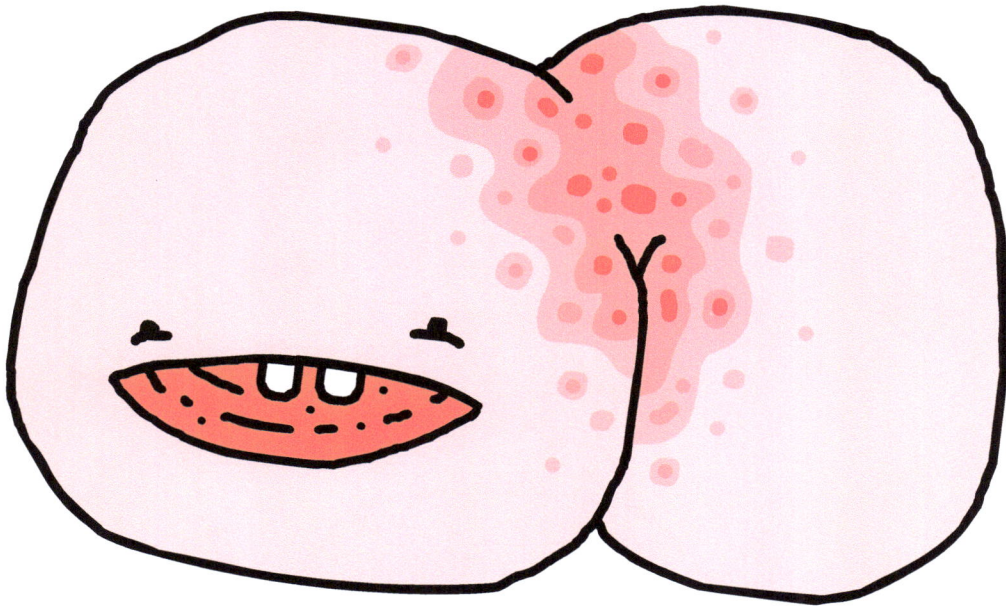

en mijn bips

verbrandde en begon

te zingen...

Piemel bips bips. Piemel piemel
bips bips. Piemel bips bips.

Piemel piemel
bips bips.

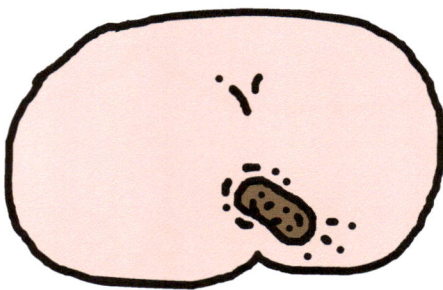

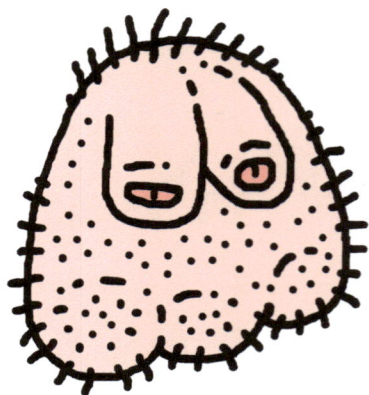

Piemel

bips bips bips bips...

Wesp!

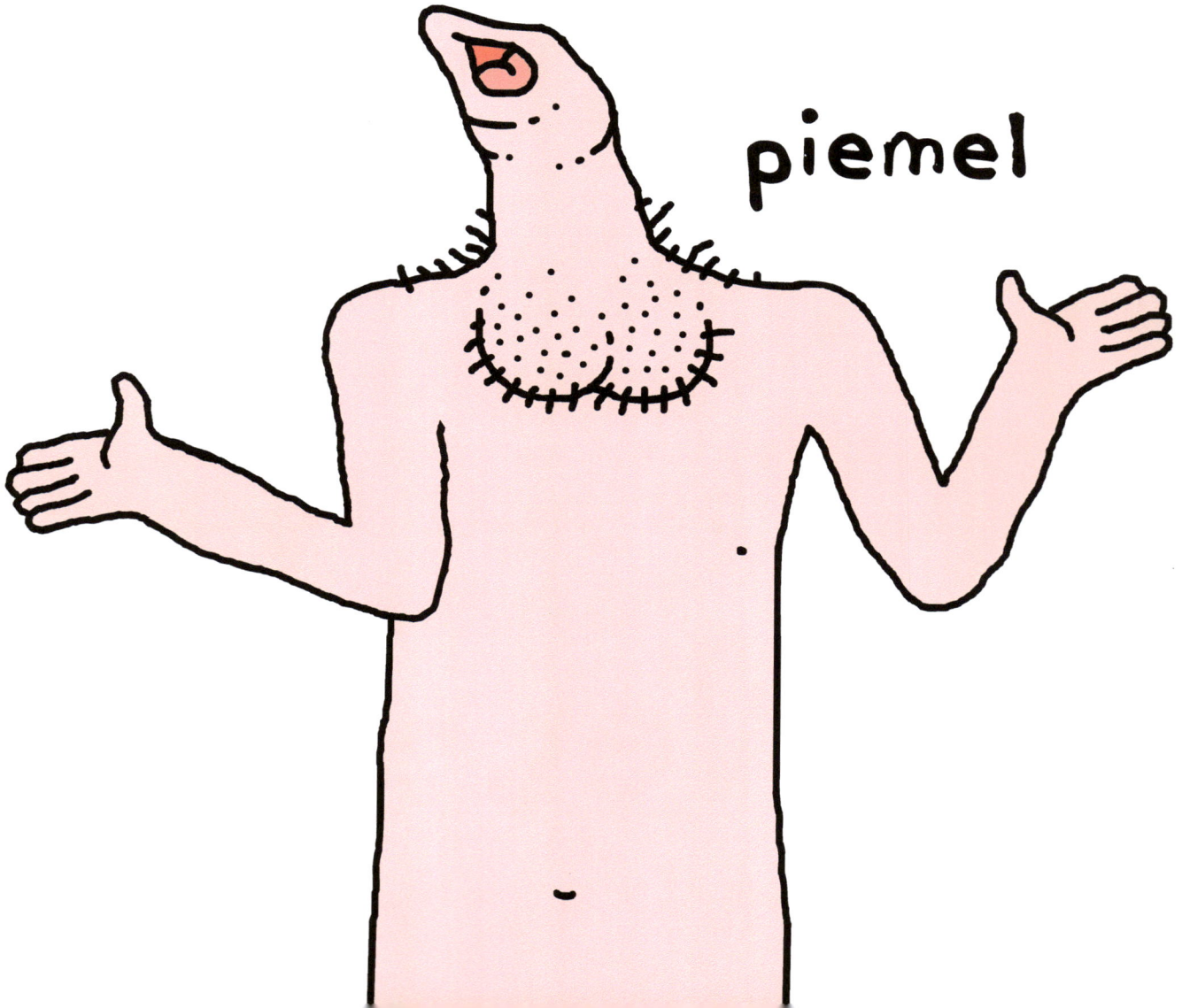

en verbrande oude bips.

In de zon

met mijn broek

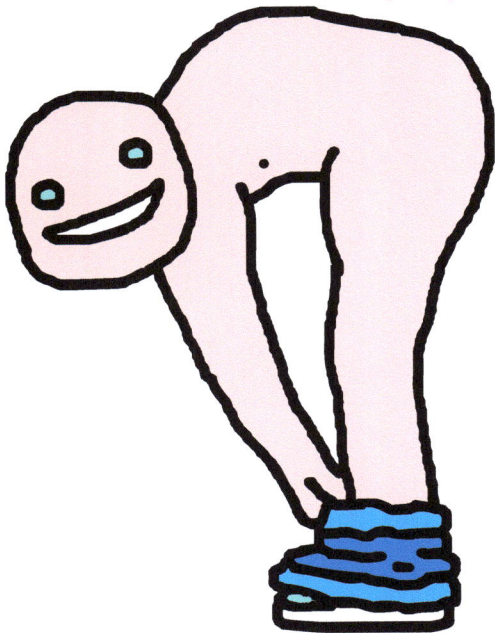

omlaag, oeps!

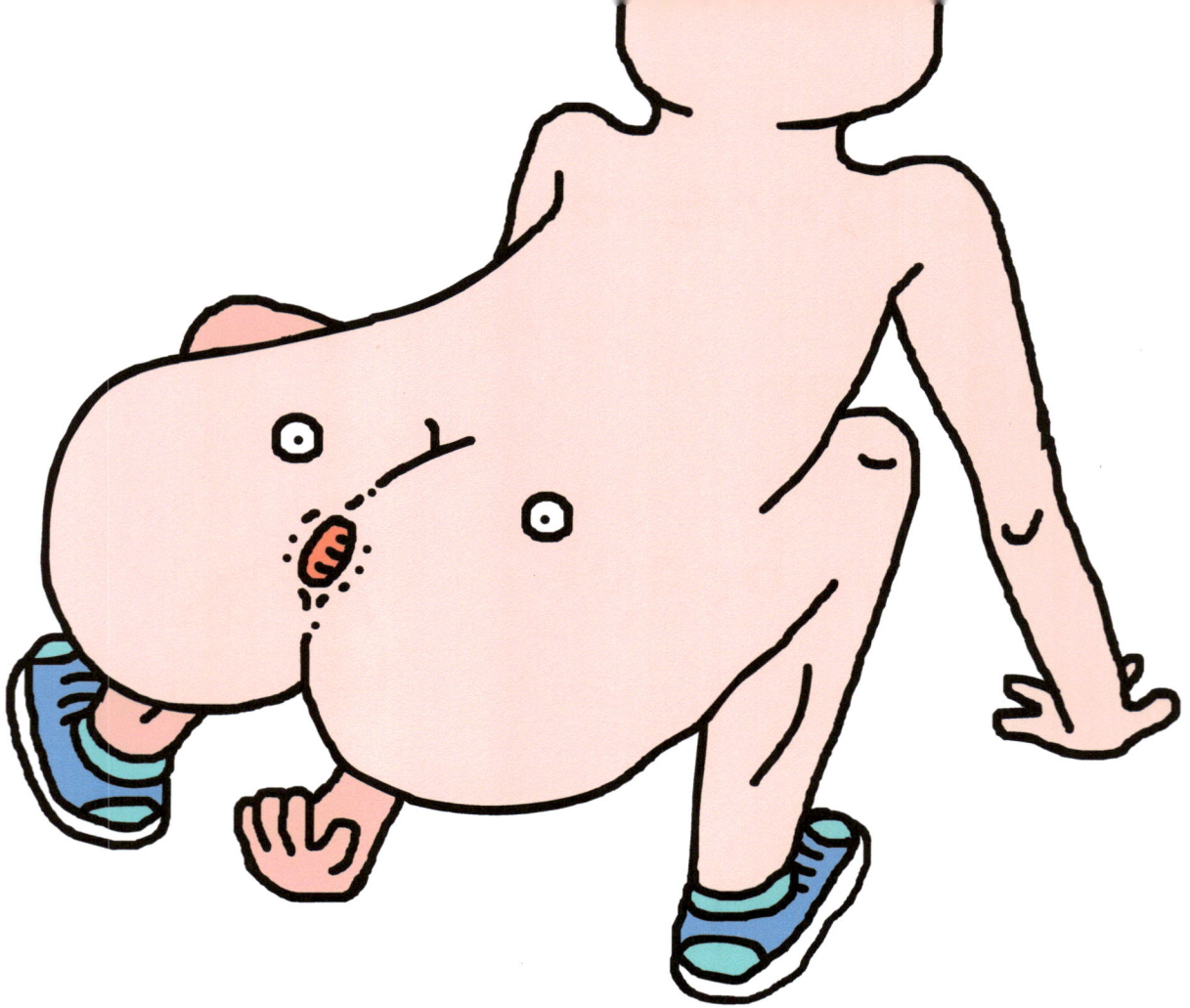

Waar zijn mijn pruimen?
Zijn ze verdwaald?

Het komt allemaal door jou,

jij stinkende oude wesp.

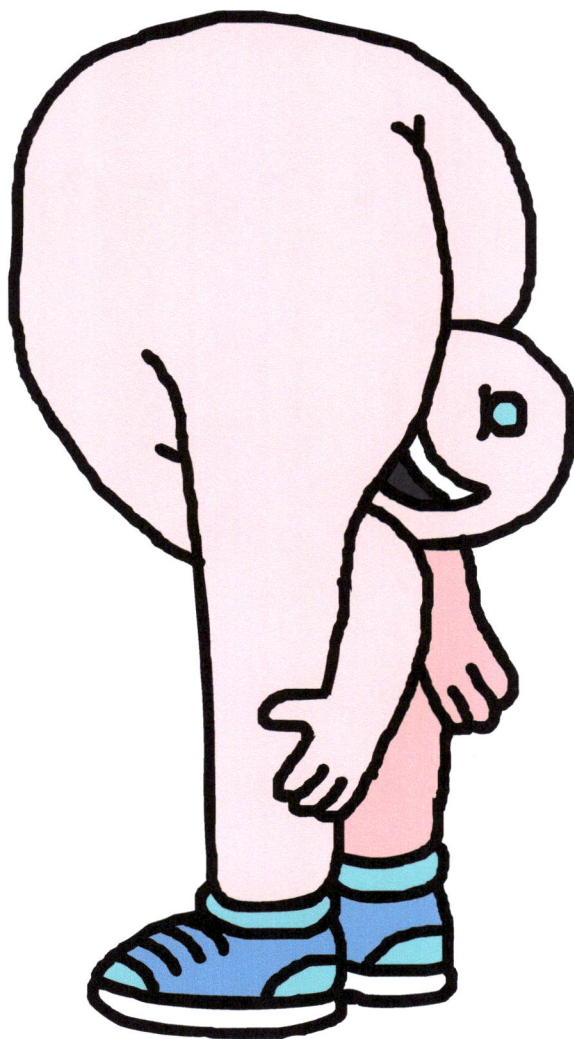

zei ik tegen mijn bips.

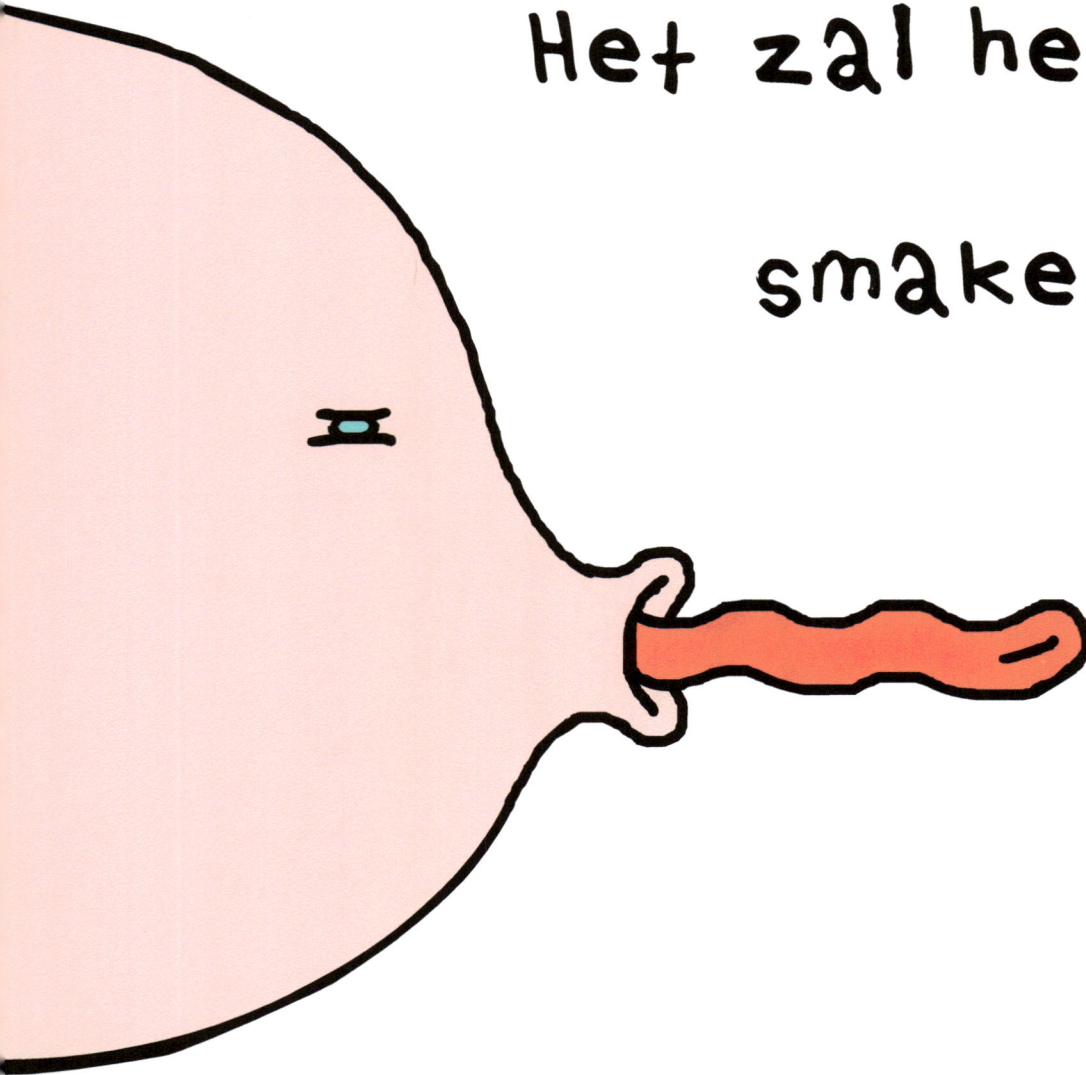

Het zal heerlijk smaken

op mijn

oude lippen.

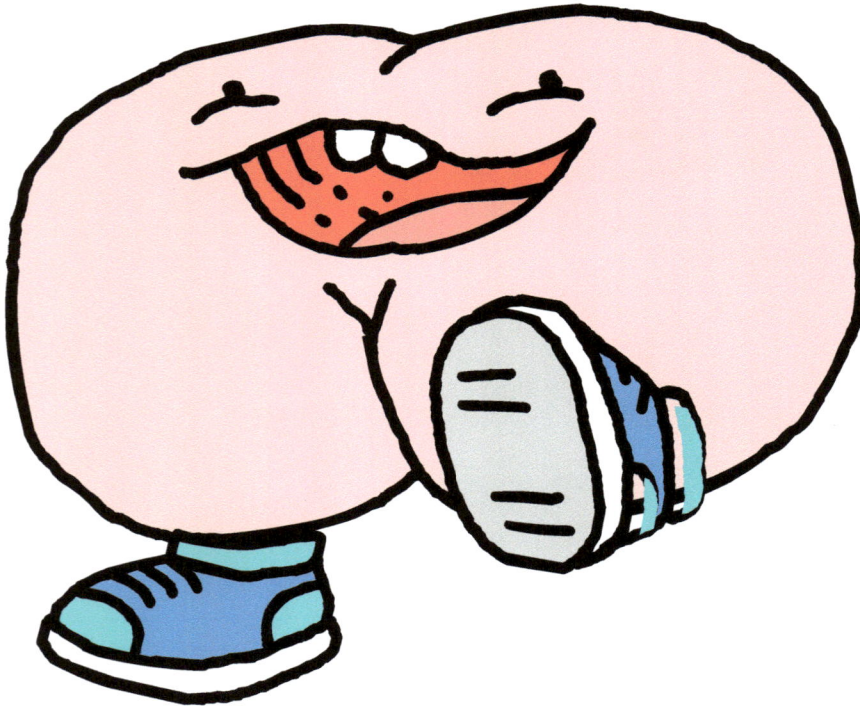

Ik doe een trechter
in mijn bips

en ook

een fles

bier!

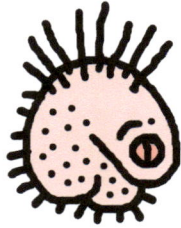

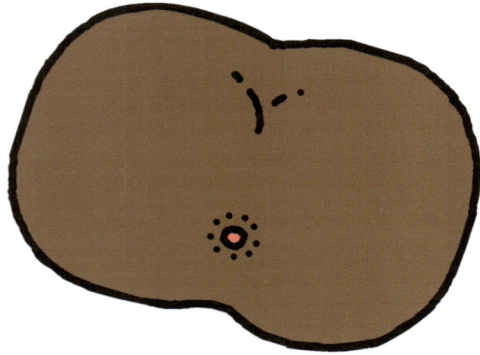

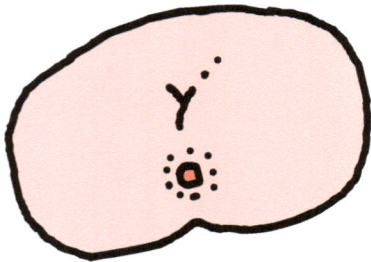

Piemel

bips

bips.

Piemel

piemel

bips

bips.

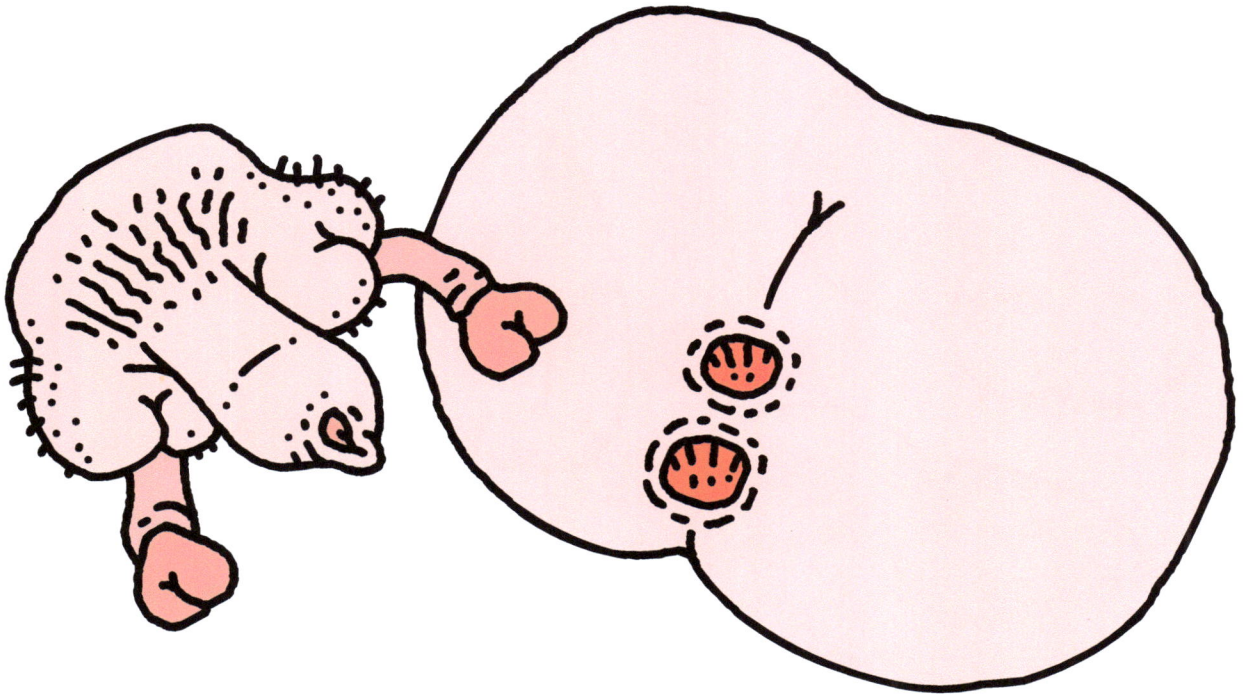

Piemel bips bips.
Piemel piemel

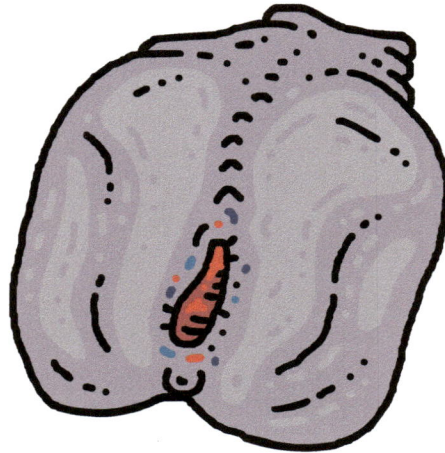

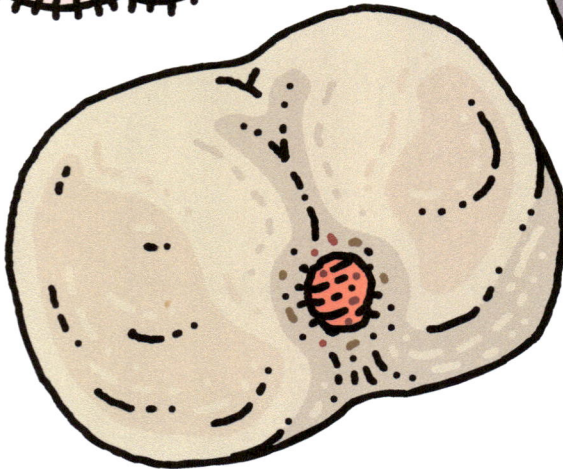

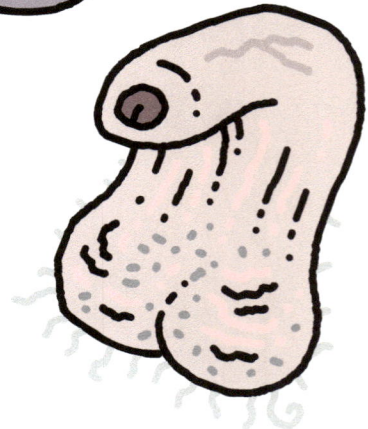

bips bips.

PIEMEL

BIPS BIPS

BIPS BIPS!

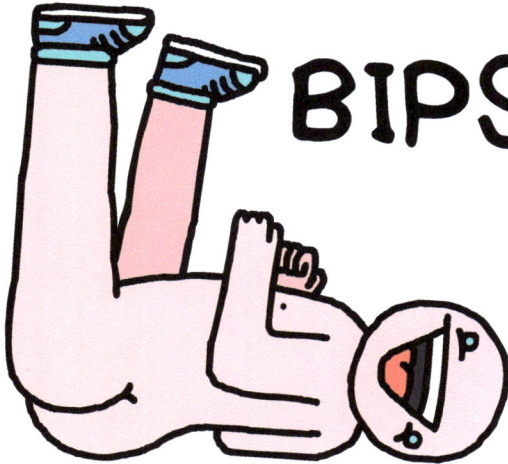

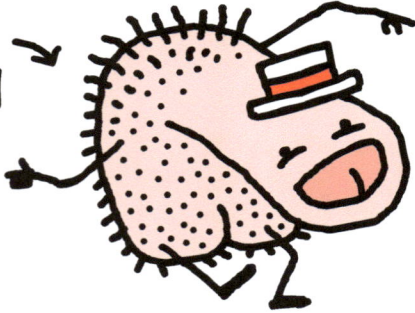

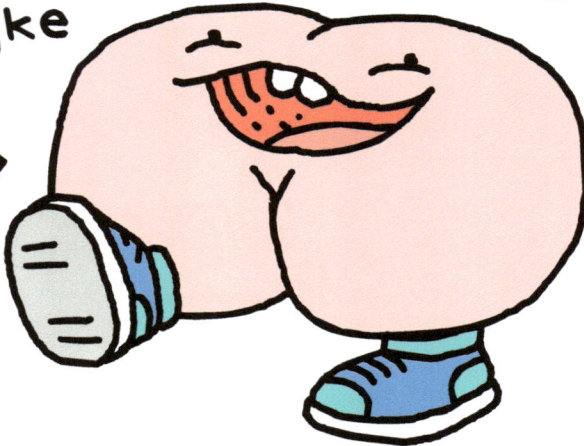

Piemel Bips:
Het Totaal Overbodige Boek

Een meeslepend verhaal over de avonturen van

een man en zijn antropomorfe lichaamsdelen...

Echt een tijdloze klassieker.

www.blankspacep.com

Scan hier om de cartoon te bekijken!

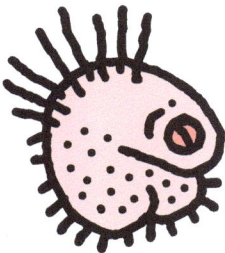

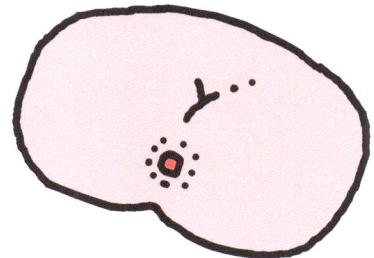

BlankSpace Publications, gevestigd in London, Ontario, Canada, is een onafhankelijke uitgeverij gerund door kermisvolk. Bezoek www.blankspacep.com om onze catalogus te bekijken. De toegewijde redacteuren van BlankSpace bedanken je voor je steun aan onafhankelijke publicaties.

www.ingramcontent.com/pod-product-compliance
Lightning Source LLC
Chambersburg PA
CBHW060812090426
42737CB00002B/46